Los Pachones de Clumber

ISBN: 9798320478760
Depósito Legal: M-4448-2007

Portada: Clumber Spaniels at Clumber Park. John Emms. c 1883.

Estimado lector:

Permítame comenzar excusando mi atrevimiento, pues recorrer los laberintos de la historia no es tarea que me corresponda, ni por formación, ni por vocación. Pero confío en que su afición por los perros sea incluso mayor que la mía, y así me perdone haber emprendido tan osadas diligencias. En mi imprudencia, me he sorprendido inmerso en disciplinas en las que carecía de conocimiento alguno, y si he conseguido sortear las dificultades ha sido gracias a la amabilidad de los expertos a quienes he consultado. A todos ellos, y a tantos otros buenos amigos que me han ayudado, mi más sincero agradecimiento.

La Perla Perereca

Prólogo

*Desafortunadamente la literatura venatoria española no ha tenido la reper-
cusión que merece en el ámbito europeo. En parte, este desacierto es debido a
que en España se ha escrito menos que en otros países vecinos. Tampoco hemos
sido los españoles todo lo celosos que debíamos con nuestras razas y ello nos ha
costado, en algunos casos, perderlas para siempre. Pero la influencia en Europa
de alguna de estas variedades desaparecidas alcanzó tal repercusión, que fue
recogida por autores de todo el continente, quienes elaboraron generosas descripciones de los perros y sus formas de cazar. Precisamente, en los párrafos
dedicados a los spaniels ingleses, es donde se producen mayor número de alusiones a España. Esta circunstancia hizo que me decidiera a profundizar en el mis-
terioso origen del Clumber Spaniel, estudiando las fuentes españolas.*

*En aras de la objetividad, he creído conveniente publicar todo el material re-
copilado en formato bilingüe, para que los lectores que lo deseen puedan evitar
mis traducciones, y leer los originales de las referencias aportadas. De igual
modo, he trascrito todo aquello que he encontrado en los manuscritos y libros
españoles que pudiera aportar información relevante para este trabajo. Pero no
quisiera comenzar sin antes apelar a la paciencia y a la imaginación, pues dada
la falta de prueba fehaciente, la lógica y la deducción serán las únicas armas con
las que podremos defender nuestras conclusiones.*

Introducción

El término "Spaniel" fue acuñado como raza canina en 1413 por el Segundo Duque de York, en su traducción del tratado de caza escrito por Gaston Phébus[1], Conde de Foix. En el trabajo original se describe una variedad de perro bajo la denominación de "Epagneul", procedente de España. Pero la voz spaniel ya había aparecido anteriormente en la literatura inglesa en el prólogo a la viuda de Bath, en los Cuentos de Canterbury, donde Chaucer (1340-1402) compara a las mujeres con perros falderos. Y en los manuscritos más antiguos del "Howel Code", que pasa por ser el primer código de fueros galeses, se describen ocho variedades caninas una de las cuales, el "cholwyn", ha sido traducida por algunos autores como Spaniel. En cuanto a la antigüedad de esta cita, los fueros podrían remontarse al año 930, aunque los manuscritos más antiguos que se conservan son del siglo XII.

¿Cuál es pues, el origen del vocablo? El primero en reflexionar sobre esta cuestión fue Caius[2], quién escribió sobre la correlación entre los términos Spaniel e Hispania. Según los autores de la enciclopedia Espasa Calpe, el vocablo España procede del griego Spania, voz que aparece empleada por primera vez por Artemidoro, como forma secundaria de Ispania, transformada ésta en Hispania por los romanos. En cuanto a la etimología de Ispania o Spania existen dos escuelas de pensamiento. Unos afirman que el vocablo procede del fenicio "span", significando país de conejos, por la abundancia de estos animales en la península Ibérica. Pero otros prefieren la voz "span" de origen céltico, de la misma raíz que el alemán "Spanne", palma de la mano, y que el inglés "Spann", palmo, ya que por su llanura central, España podría compararse con la palma de la mano. ¿Fue esta última raíz la elección de Chaucer cuando en su magistral dominio de la

---

[1] Des Déduiz de la Chasse des Bêtes Sauvages et des Oyseaux de Proye. 1387.
[2] Of English Dogs. 1576.

lengua inglesa se refirió a los perros falderos como spaniels, o ya eran conocidos bajo esa denominación?

Parece probable que en Inglaterra existieran perros de tipo spaniel antes de que se publicara el trabajo del Duque de York. Ya en el siglo XIV se describen ejemplares cuyas características de trabajo podrían atribuirse a los spaniels. Rawdon Lee[1] nos habla de un manuscrito de este siglo en el que se describe un perro especializado en la caza de la perdiz y la codorniz, muy útil asistiendo al cazador de red. Y en el citado trabajo del Duque de York, hallamos más evidencia de esta posibilidad; en palabras del Duque y los editores de su obra en 1909:

<table>
<tr>
<td>

(...) For though it be that hawking with gentle hounds and hawks for the heron and the river be noble and commendable. Prologue.

The chapter in the master of game on this dog, being translated from G. de F., throws no light on the history of the Spaniel in England, although we imagine that, had there been no such hounds in our island at the time, the Duke would have made some remark as has in other parts of his book. Appendix.

</td>
<td>

(...) Cazar con perros dóciles y halcones para las garzas y para los ríos es noble y meritorio. Prólogo

El capítulo en "The Master of Game" sobre esta casta, traducido de Gaston Phébus, no aporta evidencia sobre la historia del Spaniel en Inglaterra, aunque imaginamos que, de no haber existido estos perros en nuestra isla en esta época, el Duque hubiera hecho alguna anotación como lo hace en otras partes de su libro. Apéndice.

</td>
</tr>
</table>

Pero en los 150 años siguientes, las alusiones a los spaniels parecen más una referencia a la traducción del Duque que producto de su conocimiento o del conocimiento de los que los usaban. Ejemplo de lo que significamos es la relación de razas presentada en el "Book of St. Albin" publicado en 1486, y atribuido a Juliana Berners. O el libro de cetrería de George Turberville[2] de 1575, en el que encontramos:

<table>
<tr>
<td>

How necessary a thing a Spaniel is to Faulconry, and for those that delight in that noble recreation, keeping hawks for their pastime and pleasure, I think nobody need question, as well to spring

</td>
<td>

Cuán necesario es el Spaniel para la caza de volatería y para aquellos que se recrean en tan noble afición y tienen halcones para su tiempo libre y placer, tanto para levantar y cobrar aves

</td>
</tr>
</table>

---

[1] Modern Dogs (Sporting). 1893.
[2] The Sporting Spaniel. Philips and Cane. 1906.

and retrieve a fowl being flown to the mark, as also divers other ways to help and assist faulcons and goshhawks.

a ojeo, como otras diversas maneras de ayudar y asistir a los halcones y azores.

No es hasta 1576, cuando en el referido trabajo de Caius, se produce la primera descripción original inglesa bajo la denominación de spaniel, donde de nuevo España se presenta como lugar de procedencia:

(...) Some be called Dogs for the Falcon, the Partridge, the Pheasant, and such like. The common sort of people called them by one general word, namely, Spaniels. As though this kind of dogs comes originally, and first of all, out of Spain.

(...) algunos son denominados perros para el halcón, para la perdiz, para el faisán, etc. La gente comúnmente los conoce bajo una sola palabra, que es Spaniel. Puesto que este tipo de perro proviene originalmente, y en primer lugar, de España

En fechas similares, el naturalista italiano Aldrovandi (1522-1605) publicaba una extensa historia natural en la que aparecen dos variedades de perro denominadas perro de España, una de las cuales presenta rasgos comunes, incluso, con los spaniels actuales. El texto incluye una ilustración[1] en la que se describe al perro como ejemplar de orejas pendulares y color blanco y negro. Así mismo, Arkwright[2] en su impecable trabajo sobre el origen del Pointer Inglés aporta más referencias al posible origen español de los Spaniels, del cual él no exhibe duda:

Spain has in common with us another kind of dog of middle size that the other countries have no idea of. Pierre de Quinqueran de Beaujeu, Bishop of Senes writing of Setting dogs. 1551

Spanish dogs, zealous for their masters and of commendable sagacity, are chiefly used for finding partridges and hares. Rei Rusticae Libri Quatuor, by Conrad Heresbach. 1570

España tiene en común con nosotros otra variedad de perro de tamaño medio que los otros países no conocen. Pierre de Quinqueran de Beaujeu, Obispo de Sena, escribiendo sobre perros de parada. 1551

Los perros españoles, apasionados por sus amos y de meritoria sagacidad, son principalmente usados para buscar perdices y liebres. Rei Rusticae Libri Quatuor. Conrad Heresbach. 1570

---

[1] Ver ilustración número I.
[2] The Pointer and His Predecessors. 1906.

Espée de Selincourt (1683), sharply divides the spaniels from the braques, though both varieties were evidently being imported then into France from Spain, by defining setting dogs as braques that stop at the scent and hunt with the nose high; the best are from Spain. The Spaniels are for the falcons, hunting with the nose low and following by the track.

Espée de Selincourt (1683), separa claramente los spaniels de los perdigueros, aunque evidentemente en la época ambas variedades estaban siendo introducidas en Francia desde España, definiendo perros de parada como "braques" que hacen muestra y cazan con la nariz alta; y los mejores son de España. Los spaniels son para los halcones, y cazan con la nariz baja y siguiendo el rastro.

El Perro Épagneul

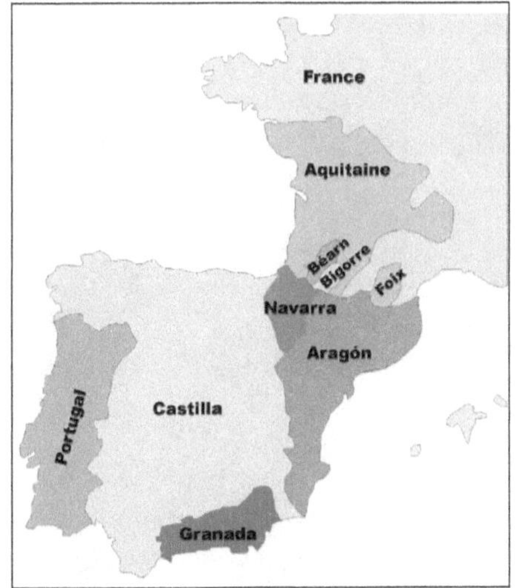

Figura 1

Son muchos los autores que han justificado el origen de los spaniels basándo-se en el tratado de caza del Conde de Foix. El prolífico autor venatorio Gutiérrez de la Vega[1], en un ejercicio de exagerado patriotismo cinegético, elaboró una completa lista de autores franceses e ingleses, en los que se apoyó para argumentar la siguiente afirmación:

(...) El mismo célebre escritor cinegético Conde de Foix es el primero también en designar igual origen hispano al perro Épagneul, tan conocido en Francia, y con el que tantas variedades se han producido en Inglaterra.

[1] Los Perros de Caza Españoles. 1890.

Gaston Phébus, Conde de Foix, fue en su época muy renombrado por su gran conocimiento cinegético. Era el señor de los principados de Béarn y Foix[1], situados a ambos extremos de los Pirineos, lo que suponía una gran ventaja geográfica para la caza. Se le reconoce haber viajado extensamente por Europa con la posible excepción de Inglaterra, lo que a efectos de las carencias que ello hubiera producido en su tratado, quedó subsanado en la traducción inglesa. En la descripción que hace de las distintas variedades de perros existentes en su época, aparece el tan citado capítulo dedicado a los spaniels, el cual se incluye parcialmente a continuación, en su versión inglesa[2]:

Another manner of hound there is that be called hound for the hawk and Spaniels, for their kind come from Spain, notwithstanding that there are many in other countries. And such hounds have many customs, good and evil. Also a fair hound for the hawk should have a great head, a great body, and be of fair hue, white or tawny, for they be the fairest, and of such hue they be commonly best. A good Spaniel should not be too rough, but his tail should be rough. The good qualities that such hounds have are these: they love well their masters and follow them without losing, although they be in a great crowd of men, and commonly they go before their master, running and wagging their tail, and raise or start fowl and wild beasts. But their right craft is of the partridge and of the quail. It is a good thing to a man that hath a noble goshawk or a tiercel or a sparrow hawk for partridge, to have such hounds. And also when they be taught to be couchers (Setters, from Coucher, to lie down), they be good to take partridges and quail with a net. And also they be good

Hay otro tipo de perro llamado perro para el halcón y spaniel, puesto que su casta viene de España, sin olvidar que hay muchos en otros países. Y estos perros tienen muchas costumbres, buenas y malas. También un buen perro para el halcón debería tener una cabeza grande, un cuerpo grande, y tener bastante pelo, blanco o canela, pues estos son los más indicados, y de esta capa son generalmente mejores. Un buen spaniel no debería ser demasiado duro de pelo, excepto en la cola. Las buenas cualidades de estos perros son las siguientes: quieren mucho a sus amos y les siguen sin alargarse, aunque hubiera mucha gente, y normalmente van delante de su amo, corriendo y meneando la cola, y levantan aves y bestias salvajes. Pero su utilización correcta es para la perdiz y la codorniz. Es un buen complemento para el hombre que tenga un azor o un halcón peregrino o un gavilán para las perdices, tener uno de estos perros. Y cuando se les enseña a parar, también son buenos para cazar con red perdices y codornices. Y también son

---

[1] Ver Figura 1.
[2] The Master of Game. Edward, Second Duke of York. 1413.

<table>
<tr><td>

when they be taught to swim and to be good for the river, and for fowls when they have dived, but on the other hand they had many bad qualities like the country that they come from. For a country draweth to two natures of men, of beasts, and of fowls, and as men call grey-hounds of Scotland and of Brittany, so the alauntes (Alans) and the hounds for the hawk come out of Spain, and they take after the na-ture of the generation of which they come. (...Goes on to describe the bad habits)

</td><td>

buenos cuando se les enseña a nadar y a cazar en los ríos, y pa-ra las aves que se sumergen; pe-ro por otro lado tienen muchas malas cualidades como el país del que provienen. De un país arrastrado a dos naturalezas de hombres, de bestias, y de aves, e igual que los hombres dicen gal-gos de Escocia o Bretaña, los alanos y los perros para el hal-cón provienen de España, y se asemejan a la naturaleza de la generación de la que provienen. (...continúa describiendo los ma-los hábitos)

</td></tr>
</table>

Este pasaje no sólo define la procedencia del Épagneul, sino que también establece la identidad de sangre entre los perros halconeros, los perros de parada, y los perros de aguas, agrupándolos bajo una misma descripción. Pero, pese a la rotundidad del Conde de Foix, todavía no debemos considerar probado el origen ibérico del Épagneul, pues tan sólo hemos encontrado dos descripciones españolas de perros similares a los del tratado francés, y en una de ellas, se señala a Francia y no a España, como lugar de procedencia. La primera aparece en el manuscrito de Mossen Juan Valles[1]:

Tres maneras de perros ay que sirven en la caça del açor y del halcon perdiguero. (...) Los otros son unos perros franceses o flamencos sedudos o bedejudos con cola espadañada y estos son muy andariegos y de muy grandes pies y de mucho durar y cuando aciertan a ser bien mandados son muy singulares especialmente para levantar.

Y la segunda pertenece al tratado de Alonso Martínez de Espinar[2]:

(...) Ay otros que llamamos de agua, entran en ella, y sacan las aves, que les matan, son muy fuertes al modo de los sabuesos navarros (muy pe-sados), tienen el pelo crespo, largo, y vedejudo y las orejas muy anchas.

Ya nos hemos referido antes a la escasa producción literaria española, lo que podría justificar la falta de referencias. En cuanto a la aparente contradic-ción en la filiación del Épagneul, sólo podría explicarse en su origen navarro, dado que Navarra[3] fue regentada por la corona francesa desde 1234 hasta

---

[1] Tratado de Montería y Cetrería. 1556.
[2] Arte de Ballestería y Montería. 1644.
[3] Ver Figura 1.

1512, año en que Fernando el Católico unificó todos los reinos de España. Es presumible que las razas que allí se desarrollaran fueran conocidas durante un tiempo como francesas o españolas. En el mismo trabajo del Conde de Foix encontramos otro ejemplo de esta dualidad: en el capítulo dedicado a los lebreles ("running hounds"), España y Navarra son aludidas simultáneamente como lugar donde encontrar buenos sabuesos de traílla, mientras que en el referido tratado de Martínez de Espinar a los sabuesos de esta parte de España se les denomina navarros o franceses. Por otra parte, resulta especialmente relevante que el Conde de Foix sólo se refiera a las "dos naturalezas de hombres" existentes en España en el capítulo del Épagneul, y no lo haga ni en el de los sabuesos ni en el de los alanos españoles; a ambos lados de la frontera entre Francia y Navarra habitaba una etnia conocida en Navarra como los Agotes y en Francia como los Cagots, no se conoce su origen pero sí sabemos que durante mucho tiempo fueron objeto de reprobación general, como indica el significado que a la palabra cagots se le da en Bearnés: perros godos (casgots). Esta etnia debe haber ostentado la titularidad de una variedad de perro identificada en la literatura venatoria española como gozques o perros agozcados, conclusión que se deduce de la etimología de ambas expresiones, y, de corresponderse con el Épagneul, su aparente doble nacionalidad respondería simplemente a la zona donde se criaban. Poco sabemos del propósito original de los perros agozcados, pero sí que no puede corresponderse con la acepción no cazadora de esta palabra[1] –perro pequeño que sólo sirve de ladrar–, tal y como se desprende de las referencias presentadas a continuación:

> *(…) y también vi un sabueso carazo (cruce de sabueso y conejera), fijo de sabueso y de gozca, y fue uno de los mijores que yo nunca tuve de traylla y de suelta. Anónimo.[2]*

> *En perros de mediano cuerpo, porque los grandes son flojos, y los muy pequeños débiles y se parecen difícilmente en el campo sino son blancos, que es el color util: por esta causa suelen ser los agozcados de mas instinto que los navarros, pero de mas resabios y peor condición aunque para mas trabajo, aunque los navarros son de mas viento y mejor acondicionados. Luis Barahona de Soto. [3]*

> *Hay unos perros que se llaman zarceros: son mas pequeños que los perdigueros, a la manera de gozques. F. Tamariz de la Escalera.[4]*

Pero habiendo determinado el origen navarro del Épagneul, no podemos concluir que todos los spaniels provengan de esta variedad. Esto resulta espe-

---

[1] Academia de Autoridades. 1734.
[2] Tratado de Montería. Manuscrito del Museo Británico. Siglo XV.
[3] Diálogos de la Montería. Siglo XVI.
[4] Tratado de la Caza al Vuelo. 1654.

cialmente evidente en los de menor talla. R. A. Harcourt[1] estudió los restos de 1.156 perros encontrados en las Islas Británicas, correspondientes a la época de la ocupación romana. El tamaño de los ejemplares estudiados variaba entre los 20 y 70 centímetros. Entre sus conclusiones destaca haber identificado una variedad de perro de tipo Maltés, de reducido tamaño, que confirmaría la existencia en la época de perros falderos. Y en el capítulo dedicado a los perros de compañía del referido trabajo de Caius, se relaciona al Maltés con otro tipo de spaniel. Estos pequeños ejemplares deben haber configurado la base de los actuales spaniels de menor talla.

En lo referente a los spaniels de mayor talla, debemos proceder según la clasificación tradicional, también original de Caius, que divide a los spaniels en "land" o "field" spaniels, spaniels de agua, y setters. De estos tres grupos, los dos últimos son claros descendientes del Épagneul.

En resumen, podemos establecer dos líneas de ascendencia a partir de las cuales se produjeron los actuales spaniels, cuya procedencia enunciamos a continuación:

- Una línea de spaniels de menor talla originarios de las Islas Británicas, representada por los King Charles, los Blenheims, y los Woodcock o Marlborough spaniels:

The spaniels which the upper classes fostered and petted before the time of Charles (King Charles the second, 1630-1685), and which had even then for many years been known and described as toys, were small, currish, white little mongrels, possessing some Spaniel character. Stonehenge. [2]

Los spaniels que la clase alta acogía como mascotas antes de los tiempos del Rey Carlos II (1630-1685), y que incluso entonces se habían conocido por muchos años y descrito como toys, eran pequeños, perros blancos sin raza, con algo de carácter de spaniel. Stonehenge. [2]

Twenty years ago, (i.e. 1800) His grace the Duke of Marlborough was reputed to posses the smallest and best breed of cockers in Britain; they were invariably red and white, with very long ears, short noses, and black eyes. (...) These very delicate and small, 'carpet Spaniels', have exquisite

Hace 20 años, (aproximadamente 1800), a su excelencia el Duque de Marlborough se le reconocía poseer la mejor y más pequeña raza de cockers en el Reino Unido; eran invariablemente rojos y blancos, con las orejas muy largas, hocicos cortos, y ojos negros. (...) Estos delicados y pequeños, 'perros falde-

---

[1] The Natural History of Dogs. Richard and Alice Fiennes. 1968.
[2] The Dogs of the British Islands. 1867.

nose, and will hunt truly and pleasantly, but are neither fit for a long day nor a thorny covert. Sportsman's Repository. John Scott. 1820[1]

ros', tienen una nariz exquisita, y serían capaces de cazar, pero no son apropiados ni para una jornada larga ni para un terreno complicado. Sportsman's Repository. John Scott. 1820 [1]

- Y los descendientes del Épagneul:

A setting dogge is a certaine lusty land spannell taught by nature to hunt the partridges before and more than any other chase whatsoever, and that with all eagernesse and fiercenesse, running the fields over so lustily and busily as if there were no limit in his desire and furie; (...) even when he has come to the very place where his prey is, and hath, as it were, his nose over it, so it seems he may take it up at his own pleasure, yet is his temperance and obedience so made and framed by arte that presently, even on a sudden, he either stands still or falles down flatte upon his bellie, without daring once to open his mouth, or make any noise or motion at all, till that his master come unto him and thus proceedes in all things according to his directions and commandments. Gervase Markham. The art of Fowling. 1655 [1]

El perro de parada es un vigoroso tipo de spaniel, inclinado por la naturaleza a cazar perdices más que ninguna otra cosa, que busca con entusiasmo y fiereza, tan vigorosa e intensamente, como si no hubiera limite en su deseo y su furia; (...) incluso cuando llega al lugar donde se encuentra su presa, aun teniendo su nariz sobre ella, y pudiendo tomarla a su antojo, su templanza y obediencia moldeadas por la práctica, hacen que sin vacilar siquiera un instante, se pare o se tumbe sobre su vientre, sin pensar siquiera en abrir la boca, o hacer ruido o movimiento alguno, hasta que su amo se acerca y entonces procede de acuerdo con sus instrucciones y órdenes. Gervase Markham. The art of Fowling. 1655 [1]

There are two sorts of dogs which necessarily serve for fowling. The first findeth game on the land, the other in the water. (...) The first kind of such serve the hawk; the second, the net or train. The first one has no peculiar name assigned them, except they are

Hay dos variedades de perro que se utilizan para la caza de aves. La primera busca la caza en el campo, la otra en el agua. (...) La primera de las dos asiste al halcón; la segunda, a la red. La primera no tiene un nombre específico asignado, excepto que

---

[1] The Illustrated Book of the Dog. Vero Shaw. 1879.

name after the bird, which by natural appointment he is allotted to take. Nicholas Cox. [1]

se les denomina por el ave hacia el que su naturaleza les inclina a cazar. Nicholas Cox. [1]

Incluso podríamos determinar aproximadamente la fecha en la que el Épagneul desembarcó en las islas y su procedencia. Tres acontecimientos nos revelan dicha fecha: la historia, aparentemente contrastada, que fuera alrededor de 1551, cuando Robert Dudley, Duque de Northumberland, consiguiera adiestrar a un perro tipo setter para la red; la fecha de publicación –1576– del referido trabajo de Caius, en el que como hemos dicho, se produce la primera descripción original Inglesa de un spaniel; y la evidencia aportada por Londerxeel[2], que en 1586 ya se conocía la técnica de la muestra (setting or pointing) en Inglaterra, y que spaniels de mayor talla o setters se utilizaban para ese propósito. En cuanto al lugar de procedencia, debe haber sido Francia y no España, pues Francia e Inglaterra son los únicos países que han utilizado la denominación spaniel para nombrar sus razas. Una vez más Caius, en su capítulo dedicado a los spaniels, aporta evidencia a este respecto:

There is also, at this day among us, a new kind of dog brought out of France, and they be speckled all over with white and black (...) These are called the French dogs.

En la actualidad existe también entre nosotros, una nueva variedad de perros traídos de Francia, completamente moteados con blanco y negro. (...) A estos los llamamos perros franceses.

Debe observarse la vinculación que Aquitania[3] tuvo con la corona inglesa. En los tiempos de Elenor de Aquitania (1122-1204), el poderoso ducado se anexionó, primero a Francia, para después pasar a manos de Inglaterra, bajo cuyo vasallaje permaneció hasta que durante la Guerra de los Cien Años (1337~1453), Francia recuperara el territorio por completo.

Estos perros Épagneul no sólo dejaron su legado en las razas británicas. Hoy reconocemos su influencia en muchas otras razas europeas como el Épagneul Francais y el Épagneul Picardie, los cuales deben ser sus más directos descendientes, o el Épagneul Breton, el Langhaar, el Munsterlander, y el Drentse Patrijshond.

---

[1] The Gentleman's Recreation. 1674.
[2] The Dogs of the British Islands. Stonehenge. 1867.
[3] Ver Figura 1.

El Clumber

El Clumber es la más dispar de las actuales variedades de spaniel británicas. En lo referente a su origen, tan sólo ha existido consenso en la procedencia de su nombre. La raza fue bautizada por el lugar donde se dio a conocer, el estado de Clumber, en el bosque de Sherwood, donde en la época residía la Casa de Newcastle. Es al Segundo Duque de Newcastle (1720-1795) y a su perrero William Mansell, a los que se les atribuye haber conformado la raza que conocemos hoy, pero su procedencia, o la de los ejemplares que intervinieron en su desarrollo, permanece incierta.

De las distintas hipótesis publicadas sobre su origen, podemos comenzar por descartar las historias británicas que atribuyen a Francia la titularidad de la raza. Son los mismos autores franceses como se desprende del referido trabajo de Gutiérrez de la Vega, quienes descartan esta posibilidad; y autores ingleses como Philips and Cane[1], o en fechas más recientes, Margaret Aldred[2], fracasaron en su intento de encontrar ancestros de la raza en Francia.

De entre los que atribuyen al Clumber origen puramente inglés, destaca James Farrow[3], cuya hipótesis citaremos por su popularidad:

(...) This particularly variety of Spaniel owes its origin to the old Blenheim Spaniel, which, in the olden times, was used for sporting purposes. (...) An illustration of the old time Sporting

(...) Esta particular variedad de spaniel debe su origen al antiguo Blenheim Spaniel, el cual en los viejos tiempos, se utilizaba para cazar. (...) Una ilustración del antiguo Blenheim de trabajo,

---

[1] The Sporting Spaniel. 1906.
[2] The Clumbers of Clumber Park. 1982.
[3] The Clumber Spaniel. 1912.

Blenheim will be found facing page 10[1]. It was published in 'The Field' in 1877, and represents a specimen of the old fashioned Woodstock strain of Sporting Spaniels. The editor of Corsincon (Hugh Dalziel) tells us that Dr. Caius describes the Toy Spaniel as far back as 1576; we also know that originally the Toy or King Charls were of almost all colors, and we also know, from valuable works and illustrations of the Toy Spaniel, that originally it was not only a larger dog, but in shape and make much more suitable for sporting purposes than the Toy of the present day.

puede encontrarse en la página 10[1]. Se publicó en 'The Field' en 1877, y representa un ejemplar a la antigua usanza de la línea Woodstoock de spaniels de trabajo. El editor de Corsincon (Hugh Dalziel) nos dice que el Dr. Caius describe el Toy Spaniel ya en 1576; también conocemos que originalmente el King Charles era de casi todos los colores, y también sabemos por valiosos trabajos e ilustraciones de los toy spaniels, que originalmente no sólo eran más grandes, sino de constitución mucho más apropiada para la caza que la de los toy actuales.

Pero parece evidente que el Clumber comparte más rasgos en común con el Épagneul, que con los descendientes de los spaniels de menor talla descritos en el capítulo anterior. Esta afirmación es compartida por otros autores como Vero Shaw[2], quien relaciona al Clumber con el perro descrito por el tantas veces referido Caius, bajo la denominación de Index o Setter. Ahora bien, cómo explicar las diferencias de la raza con los descendientes del Épagneul; para encontrar la respuesta debemos considerar la posibilidad de un cruce con otra variedad ajena al resto de los spaniels. Estos cruces fueron práctica habitual en la formación de razas de caza, como demuestra la antigua denominación "Dropper", correspondiente al cruce entre el setter y el pointer. En el trabajo de Arkwright encontramos más referencias a cruces entre spaniels y pointers:

The breed of pointers which has been mixed with English Spaniels, such as are for setting dogs, are, according to the degree of spaniel in them, difficult to be made staunch, and many of them never will stand well in company. Art of Shooting Flying. 1767.

La variedad de pointer que ha sido cruzada con English Spaniels, al igual que con setters, son, en función del grado de spaniel en ellos, menos fieles, y muchos de ellos nunca se comportarán bien en compañía. Art of Shooting Flying. 1767.

---

[1] Ver ilustración número II.
[2] The Illustrated Book of the Dog. 1879.

En 1820, John Scott[1] publicaba en "Sportsman's Repository" que en la época numerosos cazadores cruzaban springers también con sabuesos. Con esta última posibilidad también han especulado algunos estudiosos del Clumber, quienes creen reconocer en la raza rasgos característicos de los sabuesos; citaremos a Hugh Dalziel[2] como el más representativo de ellos:

But how a dog differing so considerably from other spaniels first originated is a puzzle to me which I would like solved. His long barrel, short legs, general heavy and inactive appearance, differ widely from the sprightly cocker and ordinary springer; and then, again, his big heavy head, large truncated muzzle, deep eyes, sometimes showing the haw, suggest a cross with a short legged hound.	*Pero como apareció un perro tan distinto de los otros spaniels es para mi un enigma que me gustaría se resolviera. Su cuerpo alargado, patas cortas, aspecto en general pesado e inactivo, le diferencian claramente del activo cocker y del springer común; y por otro lado, su cabeza grande y pesada, hocico grande y corto, ojos hundidos, a veces con parpados caídos, sugieren un cruce con un sabueso de extremidades cortas.*

Se plantean, por tanto, dos posibilidades: los cruces se produjeron en Inglaterra añadiendo a spaniels locales sangre de otra variedad; o bien dichos cruces tuvieron lugar en el continente produciendo ejemplares que más tarde llegarían a Clumber donde fueron adaptados a las condiciones locales. La principal valedora de la primera hipótesis es la Casa de Newcastle como se desprende del testimonio del Duque de Newcastle publicado en el libro de Margaret Aldred:

(...) The only thing I can do is to tell you what my Father told me though it is hardly the sort of stuff history is founded upon. The 9th Earl of Lincoln obtained dogs from the Continent between 1760 and 1768 although it is not clear whether by gift or purchase. In 1768 he succeeded his Uncle and became the 2nd Duke of Newcastle, and any transactions after that date would have been as Newcastle. The dog we know as the Clumber Spaniel is not very like what Lincoln imported. He brought in breeding stock for	*(...) Lo único que puedo hacer es decirle lo que mi padre me contó, aunque esta no sea el tipo de fuente habitual en la que se base la historia. El Noveno Conde de Lincoln obtuvo perros del continente entre 1760 y 1768 aunque no está claro si fueron un regalo o los compró. En 1768 sucedió a su tío convirtiéndose en el Segundo Duque de Newcastle, por lo que cualquier transacción posterior a esta fecha hubiera sido como Newcastle. El perro que conocemos como Clumber Spaniel no se parece mucho a lo que Lincoln*

---

[1] The Clumber Spaniel. Peggy Grayson & Rae Furness. 1991.
[2] British Dogs. 1879.

crossing to produce a stronger, however, slower moving Spaniel than then existed, but one suitable for working in the undergrowth of Sherwood Forest in company with men and muzzle-loading guns. They were not required to retrieve. What he imported is not clear, but to make matters even more confusing it was always believed in the family that a Spanish Spaniel was involved.

importó. Lo que trajo fueron perros para cruzar y producir un spaniel más fuerte aunque más lento de movimientos del que entonces existía, pero capaz de cazar en la maleza del bosque de Sherwood en compañía de hombres y armas de avancarga. No se les exigía cobrar. No está claro qué fue lo que importó, pero para añadir aun más confusión, en la familia siempre hemos creído que estuvo implicado un spaniel español.

La segunda posibilidad –que los ancestros de la raza se importaran del continente– tampoco es original. En 1801, el reverendo W. Daniel[1] publicaba en la revista Rural Sports:

His Grace is famous for a breed of spaniel which were presented to one of his ancestors when in France, by the Duc de Noailles.

Su excelencia es famoso por una variedad de spaniel los cuales fueron un obsequio del Duque de Noailles a uno de sus antepasados cuando estaba en Francia.

Y en 1896, el autor de la revista Pearson's magazine[2], escribía en el número de noviembre:

The quality of breeding had obviously deteriorated because they were not able to breed them successfully at Clumber itself - they originally came from Spain, the ancestors of those now on the estate having been presented a hundred years ago to a former Duke of Newcastle by one of the Bourbons (...) The species (Clumber) have undergone, as might be expected would be the case, considerable modification in the course of time, owing to climatic and other influences,

La calidad de los perros se había deteriorado obviamente porque no eran capaces de criarlos con éxito en Clumber - originalmente vinieron de España, y los ancestros de los que ahora están en la propiedad fueron regalados hace cien años por los Borbones al anterior Duque de Newcastle. (...) La raza (Clumber) ha sufrido, como no podía ser de otra manera, una considerable modificación con el tiempo, debido a influencias climáticas y de otra

---

[1] The Clumber Spaniel. Peggy Grayson & Rae Furness. 1991.
[2] The Clumbers of Clumber Park. Margaret Aldred. 1982.

<table>
<tr>
<td>and it may be found impossible to preserve the breed in its purity, but I hear of some other places where Clumbers are reared successfully, although I can say nothing about them being absolutely of the genuine stock.</td>
<td>índole, y puede que resulte imposible preservarla en su estado puro, pero he oído de otros lugares en los que se crían Clumbers con éxito, aunque no puedo pronunciarme al respecto de su absoluta genuineidad.</td>
</tr>
</table>

Excluida la alternativa francesa al inicio de este capítulo, las últimas referencias nos trasladan de nuevo a España, donde los cruces entre distintas razas fueron también muy comunes. La antigüedad de esta práctica queda avalada por los Paramientos de la Caza de Sancho VI[1], y su repercusión quedó plasmada en un manuscrito anónimo conservado en el Museo Británico[2]:

> *Y tornado al caso, no podemos negar que estos no sean los naturales canes que los monteros antiguos siguieron y todos los otros que oy acostumbramos destos proçeden, de bastarderias; y concluyendo en la natura destos digo que todavía son de tener, lo uno porque autorizan mucho la monteria y son mas prestos, como dixe, de hacer de traylla, porque lo traen de su natural y ansy mismo para facer castas atravesadizas son muy buenos, ca yo lo he todo provado, de atravesallos con alana o con lebrela y con mastina y con conejera.*

Los perros a los que se refiere este último párrafo son los sabuesos, de los que parecen haber surgido numerosas razas, y aunque hemos de significar que el término sabueso se utilizaba inicialmente para referirse a los perros de montería, también aparecen en manuscritos de cetrería. De estos sabuesos y otras variedades españolas encontramos un completo listado en la referida clasificación de los perros de caza de Martínez de Espinar:

> *Ay otros, que llaman sabuesos, y de estos dos castas, unos de menos agilidad, que otros, porque son mucho mas pesados: a estos llamamos Navarros o Franceses porque la casta es de Francia, como la de los Frisones: tienen la cabeza grande, el hocico romo, las orejas muy largas y anchas, la boca rasgada, los dientes muy recios, y agudos, las piernas cortas, el cuerpo ancho, y todos ellos muy pesados; son de su naturaleza mal sufridos, y vozingleros, aunque de mucho viento y rastro; (...) Ay otro perros, que se llaman de muestra, q buscan y paran las perdices; son muy doblados y de mucha fortaleza y agilidad. Ay otros que llamamos de agua, entran en ella, y sacan las aves, que les matan, son muy fuertes al modo de los sabuesos Navarros, tiene el pelo crespo, largo, y vedejudo y las orejas muy anchas. (...) Ay otros perros que llaman de encarbo, y ageo, con que se matan las perdices: los unos de estos las aseguran an-*

---

[1] Sancho VI El Sabio, Rey de Navarra (1150-1194).
[2] Tratado de Montería. Anónimo. Siglo XV.

dandose a la redonda de ellas, para que no se levanten: estos son los de ageo. Los de encarbo, las buscan como los perros de muestra, y en hallandolas, las persiguen hasta que se levantan. (...) En sacandolos al campo, se reconoce los que son, y como se inclinan a buscar las perdices por el rastro, o por el viento.

De los sabuesos de menor peso aludidos en el párrafo anterior existen numerosas referencias. La primera descripción pertenece al Libro de la Montería del Rey D. Alfonso XI (1311-50). Pero preferimos transcribir la descripción de Pedraza Gaitan[1], pues se produjo en el mismo siglo que la descripción del Sabueso Navarro de Martínez de Espinar:

(...); primeramente conviene que no sean grandes ni pequeños, la cabeza liviana cuadrada, y el rostro no agudo, las narices romas bueltas para arriva, de buenos artejos, muchas venas debajo de la frente, los ojos negros, tristes, y resplandecientes, la frente grande, y ancha, las canales de ella ondas, las orejas colgadas no muy grandes y delgadas por detrás, los cuellos ni muy cortos, ni muy largos, blandos, y rollizos, los pechos aviertos, anchos, y no descarnados de los hombros, y las anchuras de ellos poco distantes, los brazos derechos, rollizos, y firmes ni largos, ni delgados, las quartillas pequeñas, las manos redondas, y apodencadas, el arca bien abierta y colgada, los costados cortos, el lomo bueno, y no cargado de carnes, las corvas de las piernas bien anchas, y acorvadas, y los pies que los tenga según las manos, la cola espigada ni muy larga ni gruessa, (...), el Sabueso noble es muy fiero cazando, y quando remata qualquier caza mayor es muy caricioso, y alegre.

En cuanto a los perros levantadores que cazan por el rastro, encontramos más alusiones en los trabajos de F. Tamariz de la Escalera[2], y Juan Manuel de Arelanno[3], aunque no se incluye descripción hasta el tratado de Agustín Calvo Pinto y Velarde[4]:

Dos generos hay de perros: unos que cazan de viento, el hocico alto; y otros cazan de peon, el hocico bajo. F. Tamariz de la Escalera.

Hay perdigueros, que cazan por baxo; estos son de pocos vientos, y muy tardos en dar la caza, pues se suelen volver atrás a donde cogieron la movida; a estos llamamos ormigueros; (...) hay otros, que encontrando el rastro, corren mucho, y echan las perdices sin muestra. Juan Manuel de Arelanno.

---

[1] Libro de Monteria. Siglo XVII.
[2] Tratado de la Caza al Vuelo. 1654.
[3] Arte de Cazar. 1745.
[4] Venatoria. 1754.

(...) Asi se enseñan en Navarra, y sacan perros muy diestros. (...) El mejor color de pelo es el blanco, con pocas manchas, y de color canela, porque estos se ven mejor en los montes espesos. Han de ser trepados, anchos de pecho, hocico corto, belfos largos, y bavosos, orejas largas, hueso de la cabeza levantado, que es señal de muchos vientos, y estos cazan por alto; y los que no lo tienen asi, son de pocos vientos, y cazan por baxo. Agustín Calvo Pinto y Velarde.

De nuevo Navarra aparece asociada a ejemplares de estructura más pesada – constatando la influencia que los sabuesos navarros tuvieron en las razas de la zona –, en lo que parece ser la primera descripción de los perros que más tarde serían conocidos como pachones navarros, denominación asociada a su carácter flemático[1]. De cómo estos pachones evolucionaron hasta convertirse en perros de muestra, encontramos un generoso ejemplo en el capítulo dedicado a la caza de las perdices del manuscrito de Luis Barahona de Soto[2], donde un ávido diálogo entre cazadores ilustra cómo se les enseñaba a buscar por las emanaciones del viento y no por el rastro, así como las distintas maneras de cazar de estos perros:

Mon. Sácanla (la perdiz) de tres maneras los perros: la una es que yendo por el rastro nunca quitar el rostro de él hasta haberla parado, y más cierto será volalla con esta forma de sacar de rastro especialmente si la perdiz salió á peón cola á viento, como para haberla de seguir el perro lleva el viento a las espaldas, no puede ir tan cierto y tropieza con ella; la otra forma de sacar espiando con el rostro de cuando en cuando en el rastro y otras veces levantándolo, y ésta es mejor y más segura para aparalla con certeza; la última de las tres es que en tocando en el andada sale luego fuera y da un rodeo ancho atajando rastros hasta coger la perdiz dentro, y luego entra pico á viento hasta ponerse con ella, y ésta es la mejor forma de sacar y más segura de todas. (...)

Incluiremos también la primera descripción publicada bajo la denominación de Pachón, junto con la del Sabueso del mismo libro[3], con fines comparativos:

Del Pachon

Un buen pachon debe tambien ser castizo y tener un tamaño regular, el cuerpo largo, las orejas grandes, las piernas cortas y derechas, las manos grandes con uñas negras, el hocico corto y recogido, el labio superior grande y caido, la cola gruesa y cortada y el pelo fino. En cuanto al color es indiferente y cada uno puede elegir el que mejor le parezca; aunque ya hemos dicho que para terrenos montuosos y climas calidos es mejor el blanco. El pachon y el perdiguero son los que mas se usan para cazar,

---

[1] Academia de Autoridades. 1737.
[2] Diálogos de la Montería. Siglo XVI.
[3] Tesoro de los Perros de Caza. Anónimo. 1858.

porque reunen circunstancias que los hacen a próposito para casi todo genero de caza.

Del Sabueso

El sabueso tiene la cabeza grande, el hocico romo, las orejas muy largas y anchas, la boca rasgada, los dientes muy recios y agudos, las piernas cortas y el cuerpo ancho. (...) El destino que comunmente se les da es el de perros de trailla en las cacerias mayores, para cobrar las reses heridas.

El siglo XVIII asistiría a la conformación definitiva de las distintas variedades de perros de muestra españoles. En el trabajo de Arkwright encontramos prueba de la popularidad que estos perros, y en especial los pachones navarros, alcanzaron en las Islas Británicas, y de como llegaron hasta allí en gran número durante este siglo. No obstante hemos de significar que también podrían haber llegado procedentes de Portugal o Francia donde ya formaban parte de sus programas de cría:

The Pointer of this description (Spanish Pointer) is short in the head, broad in the forehead, wide in the nose, expansive in the nostrils, simply solicitous in aspect, heavy in the shoulders, short in the legs, almost circular in the front of the carcase, square upon the back, strong upon the loins, and remarkably so in the hind quarters. William Taplin. [1]

El pointer de esta descripción (perro de muestra español) tiene la cabeza corta, la frente amplia, la trufa ancha, los agujeros de la nariz muy abiertos, de aspecto diligente, fuerte de hombros, corto de extremidades, caja torácica redondeada por delante, cuadrado en la espalda, con el lomo fuerte, y extraordinariamente fuerte de cuartos traseros. William Taplin. [1]

In Shropshire there never was a more noted sort than that kept at Woodcote, about which colonel Cote has sent me the following interesting account: 'I can quite well remember his team of pointers forty five years ago (~1850). They were all lemon and white, long, low, medium sized dogs, with lots of quality and plenty of bone'. Arkwright.

En Shropshire nunca hubo una variedad más renombrada que la de Woodcote, sobre la que el coronel Cote me ha enviado la interesante siguiente información: "Puedo recordar bastante bien sus pointers hace 45 años (~1850). Eran todos de color blanco y limón, alargados, bajos, de talla media, con mucha calidad y mucho hueso. Arkwright

---

[1] The Illustrated Book of the Dog. Vero Shaw. 1879.

De especial interés para este trabajo, son los cruces con pachones y sabuesos navarros, pues de las descripciones aportadas de ambas variedades pueden inferirse rasgos comunes con el Clumber (a este respecto debemos significar el notable aumento de tamaño que la raza –Clumber– ha experimentado en el último siglo[1]). De estos cruces resultarían gran cantidad de mestizajes, los cuales dieron lugar a distintas variedades de perro adaptadas al trabajo característico de la zona en la que cazaban, de entre las que destacaremos el actual Perdiguero de Burgos[2], de cuyo origen quedó constancia en la notoria obra del Conde de Bufón[3]:

... El sabueso y el pachon producen otro perro llamado burgales.

De entre las referencias que aluden a cruces de estas características, destacaremos de nuevo el manuscrito de Luis Barahona de Soto, por incluir en el mismo pasaje a los pachones navarros y a los perros agozcados, los cuales hemos identificado con el Épagneul en el capítulo anterior:

Sil. ¿Y en qué señales de perros (perdigueros) se suelen hallar las propiedades que decís que han de tener?

Mon. En perros de mediano cuerpo, porque los grandes son flojos, y los muy pequeños débiles y se parecen difícilmente en el campo sino son blancos, que es el color util: por esta causa suelen ser los agozcados de mas instinto que los navarros, pero de mas resabios y peor condición aunque para mas trabajo, aunque los navarros son de mas viento y mejor acondicionados; y si echaren perro navarro a perra agozcada, suelen salir maravillosa mezcla de perros porque suelen tomar lo bueno de uno y de otro.

Si en efecto el Clumber es un cruce de Épagneul con Pachón Navarro o Épagneul con sabueso pesado de Navarra, todavía queda por resolver cuál de las hipótesis enunciadas al inicio del capítulo parece más probable: *los cruces se produjeron en Inglaterra, añadiendo a spaniels locales sangre de otra variedad; o bien dichos cruces tuvieron lugar en el continente produciendo ejemplares que más tarde llegarían a Clumber donde fueron adaptados a las condiciones locales.*

En el extenso estudio de la raza –Clumber– realizado por Jan Irving[4], se fecha el primer registro escrito de spaniels en Clumber en torno a 1775, y en fechas similares, se aporta evidencia del obsequio que el Segundo Duque de Newcastle recibiera de su amigo personal John Mostyn, quien en su época de gobernador de Menorca le regalara varios cachorros de "pointer". Debe entenderse que estos cachorros eran ejemplares de perros de muestra españoles cuyo parentesco con los navarros ya hemos destacado. La tentación de pensar que estos cachorros

---

[1] Ver apéndice.
[2] Ver ilustración número VII.
[3] Historia Natural General y Particular. 1749-67.
[4] The White Spaniel. The Evolution and History of the Clumber Spaniel. 2000.

fueran los que se cruzaran con los spaniels de Clumber se desvanece si tenemos en cuenta que su existencia está documentada, y no parece probable que de haber formado parte de los programas de cría del Duque, su utilización no hubiera sido registrada. Pero sí podemos concluir que el Duque conoció los perros de muestra españoles y consecuentemente sus mestizajes, los cuales podrían haber sido importados con la misma facilidad que los cachorros de Mostyn. Además, si los ancestros de la raza hubieran llegado a Clumber procedentes del continente, quedaría justificada la identidad de la raza con la casa de Newcastle.

En cuanto a la fecha probable de desembarco de estos ejemplares en Inglaterra, debe haber ocurrido con tiempo suficiente para que la raza se adaptara a su nuevo hábitat, hasta ser inmortalizada en 1788 por Francis Wheatley en su obra "The Return from Shooting"[1], estado en el que se mantuvo al menos los siguientes 50 años, tal y como se desprende de la similitud de los perros retratados en "Blue Firs"[2] por John Fernerly en 1835. Desafortunadamente no hemos encontrado documentación gráfica que nos permita ilustrar la evolución de los sabuesos y pachones navarros en las fechas aludidas. Pero rescataremos dos retratos de la obra de Goya[3] en los que aparecen perros de sorprendente parecido con los Clumber actuales.

Con relación a los ejemplares actuales de Sabueso Español[4] y Pachón Navarro[5], debemos significar que ambas razas pasaron grandes apuros durante el siglo pasado. Afortunadamente, en la década de los setenta resurgió el interés local por las razas autóctonas y se fomentaron planes de recuperación con distinto éxito. El Sabueso Español es hoy una raza fuera de peligro, que se exhibe con éxito en exposiciones caninas y pruebas de trabajo, aunque esté más cerca de la casta más ligera descrita en nuestro trabajo que de la Navarra. El Pachón Navarro ha corrido peor suerte y todavía se está trabajando en su recuperación. El Pachón de nuestros días es un perro recio, perfectamente adaptado al trabajo en las duras condiciones de la meseta castellana. Existen dos líneas diferenciadas, una de pelo corto mucho más pesada con claras reminiscencias de sabueso, y otra de pelo sedeño de evidente parecido con los descendientes del Épagneul. Del estudio de las fotografías aportadas, también podemos concluir que ambas razas presentan rasgos comunes con el Clumber, tal y como ocurría con las antiguas descripciones de los sabuesos y pachones de Navarra. Incluso hemos conocido la existencia de ejemplares de Clumber con nariz partida[6], una de las características singulares del Pachón Navarro.

---

[1] Ver ilustración número III.
[2] Ver ilustración número IV.
[3] Ver ilustraciones números V y VI.
[4] Ver ilustración número VIII.
[5] Ver ilustraciones números IX y X.
[6] Ver ilustración número XIV.

Quizá, la principal fuente de confusión en relación con el origen de la raza –Clumber Spaniel– haya sido su propio nombre, pues de no haber incluido el término "spaniel", su historia hubiera permanecido más ligada a la del Setter o a la del Pointer, que a la del resto de los spaniels. Afortunadamente, es sólo cuestión de tiempo que las pruebas de ADN conformen definitivamente el mapa de las razas caninas.

Apéndice

Primeras descripciones del Clumber

The Dogs of the British Islands. 1867

The Clumber is invariably long, low, and heavy. His weight varies, but he averages about 40 lb. or 45 lb. He must be white and lemon, the white colour prevailing; the paler the lemon the better; any approach to orange, or deep positive colour, is objectionable. In height he should not exceed eighteen or twenty inches, and he should have very short strong legs. He should be so short in the leg, and so well coated on the lower profile of his body, as to show no daylight under him, or but little. His head should be huge, long, coloured to a line beneath the eyes, with a blaze up the face. The eyes large, thoughtful, and pensive; the nose dark flesh or liver colour (occasionally the best breeds are cherry-nosed). The ears large, but not lobe-shaped like the Sussex, nor so heavy as his; they should not be feathered much below "the

El Clumber es invariablemente largo, bajo, y pesado. Su peso varía, alcanzando de 18 a 20.5 Kg. de media. Debe ser de color blanco y limón, con el blanco como color dominante; cuanto más pálido el color limón mejor; a objetar cualquier parecido con el naranja u otro color oscuro. Su altura no debería exceder 46 ó 51 cm., y debería tener las patas muy cortas y fuertes. Debería ser tan corto de pata, y tener tanto pelo bajo su cuerpo, que no pase la luz por debajo de él, o muy poco. Su cabeza debería ser enorme, larga, con manchas a la altura de los ojos y la cara. Los ojos son grandes, con expresión pensativa; la trufa es oscura de color carne o hígado (en ocasiones los mejores ejemplares tienen la trufa de color guinda). Las orejas son grandes, pero no con forma de lóbulo como las del Sussex, ni tampoco tan gruesas; los flecos del pelo no de-

leather." The neck should be strong, sinewy, and long; the back long and straight. The chest should be wide; the shoulders wide, and thick through them; the fore-arm immense; the hocks and hind-legs very large, bony, and well clothed with muscle; the loin should be straight-not arched; the back ribs very deep indeed; the ribs round and distinct.

The stern should be set low, generally docked, but sometimes not; always left long -about eleven inches- and tufted or flag-shaped at the extremity.

A good Clumber never throws his tongue, but works perfectly mute. He is a most aristocratic sporting dog, and, when good in his work, he is worth a king's ransom. He is susceptible of very high training, and is a perfect master in all relating to wood-craft. Brambles, and fern, and hassocks of grass and rushes, thick osiers, or hazel copse, or springs of coppice, seem his natural element; and his thick-set frame and his short legs enable him to writhe and twist himself into such covert as no other dog of his size could reach, if he had the courage to face it. As a rule he does not like water, but when he does retrieve he carries well. He works with industry and patience, although his temperament is not particularly animated: he is less a copyist in company than the pointer, or setter, or Sussex spaniel, and is easily broken from following rabbits –the bane of all shooting dogs not especially de-

berían ser más largos que la oreja. El cuello debería ser fuerte, poderoso, y largo; la espalda larga y recta. El pecho debería ser ancho; los hombros anchos, y gruesos; el antebrazo inmenso; los corvejones y las patas traseras muy grandes, huesudas y musculosas; el lomo debería ser recto no encorvado; las costillas muy profundas, redondeadas y separadas.

La cola colocada baja, normalmente amputada, aunque a veces no; siempre se dejan unos 30 cm. y el pelo se recorta con forma de bandera.

Un buen Clumber nunca ladra, caza completamente mudo. Es un perro de caza muy aristocrático, y, cuando salen buenos, no tienen precio. Se puede alcanzar un nivel de entrenamiento muy elevado, y es un maestro en lo relativo al trabajo entre arbustos. Zarzas, helechos, junqueras, matorrales, avellanedos, retamas, parecen su elemento natural; y su constitución gruesa y sus patas cortas le permiten abrirse paso entre este tipo de maleza como ninguna otra raza podría hacerlo, si tuviera coraje para intentarlo. Normalmente no le gusta el agua, pero no le incomoda para cobrar. Trabaja con temple y paciencia, aunque su temperamento no es especialmente animado: en compañía tiende a imitar menos que el Pointer, o el Setter, o el Sussex spaniel, y se le acostumbra fácilmente a los conejos —el fiasco de todos los perros de caza no especialmente devotos a ese tipo

voted to that kind of fur.

Clumbers with a reputation for blood, and broken to range close, to drop to the gun or the spring of the bird, or the rush of hare and rabbit, fetch enormous prices, and command them at a more advanced age than any other breed of dog.

They are not soon worn out by age, and are generally most trustworthy at six, seven, or even eight years of age. It is worthy of remark that they do not get blasé or disgusted with their work, like many spaniels and most retrievers of a certain age.

Though susceptible of high training, the Clumber dog has no peculiar affection for man, and makes but a middling companion, except with the gun.

We give the dimensions of a dog (by the famous Trimbush) named Jock[1], the property of Mr. Holford: nose to root of stern, 2 ft. 10 in.; stern, 11 in.; eye to nose, 3-1/2 in.; round the head, 1 ft, 5 in.; arm, 7-1/2 in.; girth behind shoulders, 2 ft. 1 in.; length of head, 10-1/2 in.; height, 17 in.

The Clumber coat should be soft, silky, shining, straight, sufficient, but not over-abundant.

de pelo.

Los Clumber de pura raza, y acostumbrados a cazar sin alargarse, a quedarse quietos al disparar o al vuelo de una pieza o la carrera de una liebre o un conejo, cobran mucha caza, y continúan haciéndolo a edad más avanzada que ninguna otra raza de perro.

No les agota la edad, y en general, son más fiables con seis, siete, u ocho años de edad. Es digno de mención que no se vuelvan apáticos o se disgusten con su trabajo, como muchos spaniels y la mayoría de los retrievers al llegar a cierta edad.

Aunque pueda someterse a un alto grado de adiestramiento, el Clumber no siente especial afecto por el hombre, y es una mascota mediocre, excepto para la escopeta.

Relacionamos las medidas de un ejemplar (del famoso Trimbush) llamado Jock[1], propiedad del Sr. Holford: de la trufa a la inserción de la cola, 86 cm.; cola, 28 cm.; de la trufa a los ojos, 9 cm.; alrededor de la cabeza, 43 cm.; brazo, 19 cm.; perímetro detrás de los hombros, 33 cm.; longitud de la cabeza, 27 cm.; altura, 43 cm.

El manto del Clumber debería ser suave, sedoso, brillante, liso, suficiente, pero no demasiado abundante.

---

[1] Ver ilustración número XI.

British Dogs. 1879

The Clumber, if pure bred, invariably hunts mute; they have excellent noses; from their low build, great strength, thick flat coats, and close lying ears they are extremely well fitted to force their way through and under the thickest tangles of briar, whin, or bramble, but it is not now in that he is mostly used, but in the battue, where his silence, docility, and excellent retrieving qualities make him valuable; he is easily broken to retrieve, and works steadily and with a plodding and untiring patience; many of them prove excellent water dogs, although that is not their forte, and, well entered, they prove equally useful and steady on snipe, pheasants, or rabbits; in packs they work splendidly together, showing less jealousy and disposition to copy than many breeds, and to the single dog sportsman the Clumber proves a useful, reliable, and, although a rather sedate one, an intelligent and pleasing companion.

The general appearance of the Clumber is that of a long, low, heavy dog, somewhat slow and dull-looking.

The head is large, long in skull, with the muzzle broad and cut off square.

The eyes are large, often rather deeply set, with a quiet thoughtful expression.

El Clumber, si es de pura raza, siempre caza mudo; tiene una nariz excelente; debido a su constitución baja, gran fortaleza física, manto liso y grueso, y orejas ceñidas, está extremadamente bien adaptado para forzar su camino a través de las peores marañas de rododendros y zarzas, pero no es esto para lo que más se usa, sino en las batidas, donde su silencio, docilidad, y excelentes dotes de cobrador le hacen destacar; se le acostumbra fácilmente a cobrar, y trabaja sin cesar lentamente con incansable paciencia; muchos de ellos son excelentes perros de agua, aunque este no sea su fuerte, y, cazándolos adecuadamente, son igualmente útiles y fiables para aves menores, faisanes, o conejos; trabajan espléndidamente en grupo, mostrando menos celos e imitando menos que muchas razas, y para el cazador de un solo perro el Clumber resulta práctico, fiable, y, aunque bastante serio, un compañero placentero e inteligente.

El aspecto general del Clumber es el de un perro largo, bajo, pesado, algo lento y de aspecto apagado.

La cabeza es grande, el cráneo largo, y el hocico ancho y de corte cuadrado.

Los ojos son grandes, a menudo bastante hundidos, de expresión callada y pensativa.

The nose is liver or flesh coloured.

The ears are large, lying close to the check, free from curl, but covered with short close hair, with rather longer hair at the edges.

The neck is long, thick, and muscular.

The shoulders are very thick through, and giving a heavy appearance.

The chest and body are deep and round, the ribs well sprung, wide apart, and extending well back, the back ribs deep.

The back is very long, straight, and both it and the loins are strong.

The hind-quarters are not much bent in stifle, the fore legs are straight with immense bone, the fore arm very thick and strong, the feet large, rather flat, and these and the legs are well feathered.

The tail is generally docked, but not very short, feathered, and with a downward carriage.

The coat is thick, flat, and soft —a curly coat is objectionable; the colour is white and lemon, which should be nicely distributed, the lemon should come down the head to below the eyes, and be divided by a line or narrow blaze of white up the forehead.

La trufa es de color carne o hígado.

Las orejas son grandes, ceñidas al cuello, sin rizos, pero cubiertas de pelo corto y tupido, algo más largo en los bordes.

El cuello es largo, grueso, y musculoso.

Los hombros son muy gruesos, dando aspecto de pesados.

El pecho y el cuerpo son profundos y redondeados, las costillas bien arqueadas, separadas entre si, y extendiéndose bien atrás, y profundas.

La espalda es muy larga, recta, y fuerte al igual que el lomo.

Los cuartos traseros no son muy arqueados en los muslos, los delanteros son rectos con un hueso inmenso, el antebrazo muy grueso y fuerte, los pies grandes, bastante planos, y como las patas con mucho pelo.

La cola normalmente se corta, pero no mucho, tiene el pelo largo, y se lleva caída.

El manto es espeso, liso, y suave —a objetar el pelo rizado; el color es blanco y limón, el limón debería estar bien repartido, debería manchar la cabeza hasta debajo de los ojos, y estar partido por una línea o mechón estrecho de color blanco en la frente.

The following shows the weight and measurements of Lapis[1] and other good specimens. Lapis is higher at the shoulder than many.

Mr. W. Arkwright's Lapis: weight, 62 lb.; height at shoulder, 18 in.; length from tip of nose to set on of stern, 42-1/2 in.; length from occiput to between eyes, 6 in.; thence to tip of nose, 4-3/4 in.; length of tail, 6-1/2 in.; girth behind shoulders, 29 in.; girth of head, 18-1/2 in.; girth of forearm, 8 in.; girth of loin, 25 in.

Mr. W. Arkwright's Busy: Height at shoulder, 16 in.; length from nose to set on of tail, 45 in.; length of tail, 7 in.; girth of chest, 26 in.; girth of loin, 25 in.; girth of head, 17-1/2 in.; girth of forearm, 7-1/2 in.; length of head from occiput to between eyes, 5-3/4 in.; length from eyes to nose end, 3-1/4 in.

Mr. W. Arkwright's Looby: Length from nose to set on of tail, 39 in.; length of tail, 6 in.; girth of chest, 23-1/4 in.; girth of loin, 22 in.; girth of forearm, 7-3/4 in.; length of head from occiput to between eyes, 6 in.; length from eyes to nose end, 4-1/2 in.

A continuación se presentan el peso y medidas de Lapis y otros ejemplares. Lapis[1] es más alto de hombros que muchos otros.

Lapis, propiedad del Sr. Arkwright: peso, 28 Kg.; altura de hombros, 46 cm.; distancia de la trufa a la inserción de la cola, 108 cm.; distancia del occipucio al centro de los ojos, 15 cm.; de los ojos a la trufa, 12 cm.; longitud de la cola, 16 cm.; perímetro detrás de los hombros, 74 cm.; perímetro de la cabeza, 47 cm.; perímetro del antebrazo, 20 cm.; perímetro del lomo, 64 cm.

Busy, propiedad del Sr. Arkwright: altura de hombros, 41 cm.; distancia de la trufa a la inserción de la cola, 114 cm.; longitud de la cola, 18 cm.; perímetro del pecho, 66 cm.; perímetro del lomo, 64 cm.; perímetro de la cabeza, 44 cm.; perímetro del antebrazo, 19 cm.; medida de la cabeza del occipucio al centro de los ojos, 15 cm.; de los ojos a la trufa, 8 cm.

Looby, propiedad del Sr. Arkwright: distancia de la trufa a la inserción de la cola, 99 cm.; longitud de la cola, 15 cm.; perímetro del pecho, 59 cm.; perímetro del lomo, 56 cm.; perímetro del antebrazo, 20 cm.; distancia del occipucio al centro de los ojos, 15 cm.; de los ojos a la trufa, 11 cm.

---

[1] Ver ilustración número XII.

Modern Dogs (Sporting). 1893

In colour the body of the dog should be white, the ears coloured, spot on the occiput; and on the side of the face to the eye there should be lemon markings, and the jaw must be well flecked or ticked with marks of a similar colour. There is a diversity of opinion as to what this colour should be. I prefer lemon, and this not too dark in shade; others prefer this lemon approaching, or quite, an orange hue. Liver or brown markings are quite wrong, and should certainly disqualify, however good the dog bearing them is in other particulars. As to colour that well-known admirer of the variety, Mr. J. T. Hincks, of Leicester, tells me that some few years ago he had a number of dogs with light lemon markings, but got rid of them, as they were not, in his opinion, nearly so attractive in teams as those of a darker shade —rather a peculiar statement to give as a reason for destroying or disposing of valuable dogs.

El cuerpo del perro debería ser de color blanco, con las orejas, el occipucio, y la cara y los ojos manchados de color limón, y la mandíbula debe tener pecas del mismo color. Existe diversidad de opiniones acerca de como debería ser este color. Yo prefiero el color limón, y no muy oscuro; otros prefieren el color más parecido al naranja, o casi naranja. Las manchas de color hígado o marrón son incorrectas, y deberían descalificar, por muy buenas que sean las otras características del perro que las tiene. Con relación al color, el conocido admirador de la raza Sr. J.T. Links, de Leicester, me dijo que hace unos años tenía unos cuantos perros con manchas de color limón claro, y que se deshizo de ellos, porque en su opinión, no eran tan bonitos en grupo como los de manchas más oscuras – argumento bastante peculiar para justificar la destrucción o abandono de perros valiosos.

The head large, square, and fairly long, but so massive as to render the length not impressive; it should be broad on the top, with a decided occipital protuberance, heavy brows, with a deep stop; haw showing. Muzzle long, heavy, freckled, receding, with well developed flew; snipeyness, or a weak face, being very objectionable.

La cabeza es grande, cuadrada, y de buena longitud, pero tan pesada como para que la longitud no parezca excesiva; debería ser ancha por arriba, con el occipucio bien desarrollado, mucho pelo en la frente, y el stop profundo; párpados caídos. El hocico largo, pesado, pecoso, divergente, con los belfos bien desarrollados; las cabezas agalgadas son muy reprochables.

Recently there has been a dispute amongst writers as to whether the head should be unduly long or unduly short. I have no doubt on the point. The heads of the dogs in the picture of 1788 are long decidedly long; so are the muzzles, in which point they show a weakness, like many otherwise good dogs of the present day. With regard to this difference of opinion it must be remembered that, although this variety is often used in teams for covert shooting, it may be part of its duty to retrieve, and the jaw should be of a formation to enable the animal to carry a hare or pheasant with ease. Besides, the massive head is a great feature in the variety, and we cannot get massiveness without length. It is important that there should be no resemblance to the setter; but if the head I have described be borne in mind, and Mr. Wardle's[1] drawing be referred to, there will be no likelihood of the setter type being produced, and we must remember that the deep stop is very important, also the drooping eye showing haw, as in the bloodhound.

The ears, whilst being large, look small for the size of the dog, and should not hang below the throat, but come slightly forward.

The neck is very thick, and the chest very heavily feathered. The

Recientemente ha habido una disputa entre autores sobre si la cabeza debería ser larga o corta. Yo no tengo duda al respecto. Las cabezas de los perros del cuadro de 1788 son claramente largas; y también lo son los hocicos, en los que falta calidad, como en muchos perros, por lo demás buenos, de nuestros días. En relación con estas diferencias de opinión, debe recordarse que aunque esta raza es usada más frecuentemente para ojeo, también puede ser parte de su trabajo cobrar, por lo que el tamaño de la boca debería permitir al animal cobrar una liebre o faisán con facilidad. Además, la cabeza grande es una gran cualidad de esta variedad, y no puede ser masiva sin longitud. Es importante que no exista parecido con el Setter; pero si tenemos en mente la cabeza que he descrito, y nos referimos a la ilustración del Sr. Wardle[1], no encontraremos parecido con los Setter actuales, y no debemos olvidar que un stop profundo es muy importante, así como los ojos caídos mostrando la conjuntiva, como en el Bloodhound.

Las orejas aunque grandes, parecen pequeñas en relación con el tamaño del perro, y no deberían caer a la altura de la garganta, sino algo más delanteras.

El cuello es muy grueso, y el pelo del pecho tiene muchos fle-

---

[1] Ver ilustración número XIII.

shoulders particularly strong and muscular. The legs short, with as much bone as can be obtained. They should be straight, but here I would prefer a crooked legged rather than a long legged dog. They should be very heavily feathered.

With regard to this question of legs it must be remembered that the work of the dog is to hunt in front of the gun and flush game, but he should never go faster than a trot. I have found that if we get a dog with long legs, when he gets the scent he is apt to go away too quickly and flush his game out of shot. This is annoying, and the dog that will stick to his slow trot will keep on all day, always giving a chance for the gun, and so is much to be preferred.

The body should be long, i.e., as long as possible consistently with being well ribbed up. If the latter point be obtained the body cannot be too long, but I have seen dogs of such a length as to be next to useless from a sports-man's point of view, and, howev-er handsome they might be, un-less well ribbed up, I should never award a prize to such a dog. It is said that the body should be low; this does not mean low from the back to the ground, but that the chest should be so deep and so heavily feathered as to show very little daylight un-derneath. The deeper the body and rounder the ribs the better. The back should be straight. The

cos. Los hombros son especial-mente fuertes y musculosos. Las patas cortas, con todo el hueso que sea posible. Deberían ser rectas, aunque yo preferiría un perro encorvado de patas antes que patilargo. El pelo de las pa-tas tiene muchos flecos.

En relación con este asunto de las patas, debe recordarse que el trabajo del perro es cazar de-lante de la escopeta y levantar caza, pero nunca a un paso más rápido que al trote. He observa-do que los perros con patas lar-gas, tienen tendencia al coger el rastro a avanzar demasiado rá-pido y levantar la caza fuera de alcance. Lo que es un problema, y el perro que se mantenga en su trote lento aguantará todo el día, dando siempre oportunidad a la escopeta, lo que es preferible.

El cuerpo debería ser largo, tan largo como sea posible en concordancia con un buen costi-llar. Si esto último se da, el cuerpo no puede ser demasiado largo, pero he visto perros tan largos que resultaban inútiles pa-ra el cazador, y por muy bonitos que fueran, si no tienen un buen costillar, yo nunca les concedería ningún galardón. Se dice que el cuerpo debería ser bajo; esto no significa bajo de la espalda al suelo, sino que el pecho debería ser tan profundo y tan cubierto de pelo y flecos que la luz apenas pasara por debajo de él. Cuanto más profundo el cuerpo y más re-dondeadas las costillas mejor. La espalda debería ser recta. Los

hindquarters are very powerful and heavily feathered, hocks set on low, and when the dog is standing showing well behind the body.

When looking at the dog with a side point of view he should underneath appear level from front to rear; a great defect in some of the modern dogs being that, whilst well let down in front, they are tucked up behind like a greyhound. The tail should be straight (a fourth docked off), and carried at any rate level with the back, below rather than above it, and, like the hindquarters, should be very heavily feathered.

It is a great point of beauty in the Clumber that when the team is out at exercise or work the stern is on a continual move from side to side. I find that dogs which at exercise and at work invariably have beautiful tail action, are very apt, when taken from the bench into the judging ring, to carry their tails high. This is often done by the best dogs, and is in many cases the result of being in robust health and spirit. Before passing over a dog for this fault judges should wait as long as possible, and watch the effect of allowing the dog to quieten down. The coat should be straight and of medium texture. Coarse coated dogs are not handsome, and soft coated ones, when in work, are always getting heated in their skin; besides, a soft coat is not suitable for a dog whose work is

cuartos traseros son muy poderosos y con el pelo muy flecoso, la punta del corvejón baja, y con el perro en pie queda por detrás del cuerpo.

Cuando se mira al perro de lado debería verse nivelado de delante atrás por la parte de abajo; un defecto muy grande en algunos perros modernos, es que pese a tener buena profundidad por delante, el vientre está encorvado como en los galgos. La cola debería ser recta (un cuarto de ella amputado), y llevada siempre en línea con la espalda, por debajo de ella mejor que por encima, y como los cuartos traseros, con el pelo repleto de flecos.

Un rasgo de gran belleza en los Clumber es que la cola no cesa de moverse de lado a lado cuando hacen ejercicio o salen a cazar. He observado que los perros que haciendo ejercicio o trabajando no paran de mover vistosamente la cola, tienen más tendencia a llevar la cola alta cuando se les juzga en el ring. Esto ocurre con frecuencia en los mejores perros, y es en muchos casos el resultado de estar en buena forma tanto física como de espíritu. Antes de descalificar a un perro por esta causa los jueces deberían esperar todo lo posible, y observar el efecto de permitir al perro tranquilizarse. El manto debería ser liso y de textura media. Los perros de pelo grueso no son bonitos, y a los de pelo suave, cuando cazan, se les irrita con frecuencia la piel; además, el pelo suave no es com-

principally in covert in the depth of winter.

With regard to his work, the Clumber is slow, very slow, but he never tires, and goes on day by day. At many places they are worked in teams. At Knowsley, one of the seats of the Earl of Derby, from twenty-five to thirty Clumbers are used in this manner, as occasion requires.

The Clumber spaniel is mute, easily broken, and should be trained to drop to hand, wing, and shot. If a large number of dogs are worked together it is better that they should not be taught to retrieve, but if only a few are required for woodcock and for general shooting (for which they are invaluable) then retrieving should be a sine qua non. They take to this naturally.

The work of breaking is quite simple. It is important that rabbits should not be killed to them before birds, or the dogs are apt to get hard mouthed. As a companion the Clumber is excellent; it is very rare indeed to find one with a bad temper, and there are few things indeed which he cannot be taught to do.

patible con un perro cuyo trabajo transcurre principalmente entre maleza en la dureza del invierno.

En relación con su trabajo, el Clumber es lento, muy lento, pero no se cansa nunca, y aguanta día tras día. En muchos lugares cazan en grupo. En Knowsley, una de las propiedades de la Casa de Derby, entre 25 y 30 clumbers se utilizan de esta manera, según requiera la ocasión.

El Clumber spaniel es mudo, fácil de adiestrar, y debería ser entrenado para quedarse quieto a una señal, al vuelo de la caza, y al disparar. Si son muchos perros cazando juntos es mejor no acostumbrarlos a cobrar, pero si sólo se utilizan unos pocos para la pluma o caza en general (para lo que no tienen precio) entonces cobrar debería ser condición sine qua non. Lo que hacen instintivamente.

Acostumbrarlos a la caza es muy sencillo. Es muy importante no cazar con él conejos antes que aves, o se les puede endurecer la boca. Como mascota el Clumber es excelente; es muy raro encontrar uno con mal carácter, y hay pocas cosas que no se les pueda enseñar a hacer.

First Standard. 1909.

Head.- Large, square and massive, of medium length, broad on top, with a decided occiput; heavy brows with a deep stop; heavy freckled muzzle, with well developed flew.

Cabeza.- Grande, cuadrada y pesada, de longitud media, ancha por arriba, con el occipucio bien desarrollado; stop profundo con el pelo espeso; hocico repleto de pecas, con belfos bien desarrollados.

Eyes.- Dark amber, slightly sunk. A light or prominent eye objectionable.

Ojos.- Ámbar oscuro, ligeramente hundidos. A objetar ojos claros o saltones.

Ears.- Large, vine-leaf shaped, and well covered with straight hair and hanging slightly forward, the feather not to extend below the leather.

Orejas.- Grandes, con forma de hoja de vid, y bien recubiertas de pelo liso y colgando ligeramente hacia adelante, los flecos del pelo no exceden la longitud de la oreja.

Neck.- Very thick and powerful, and well feathered underneath.

Cuello.- Muy grueso y poderoso, y bien repleto de flecos por debajo.

Body (including size and symmetry).- Long and heavy, and near the ground. Weight of dogs, about 55 to 65 lbs.; Bitches, about 45 to 55 lbs.

Cuerpo (incluido tamaño y simetría).- Largo y pesado, y próximo al suelo. Peso de los machos, de 25 a 30 Kg.; hembras, de 20 a 25 Kg.

Nose.- Square and flesh coloured.

Trufa.- Cuadrada y de color carne.

Shoulders and Chest.- Wide and deep; shoulders strong and muscular.

Hombros y Pecho.- Ancho y profundo; hombros fuertes y musculosos.

Back and Loin.- Back straight, broad and long; loin powerful, well let down in flank.

Espalda y Lomo.- Espalda recta, ancha y larga; lomo poderoso, bien descolgado en los flancos.

Hind Quarters.- Very powerful and well developed.

Cuartos Traseros.- Muy poderosos y bien desarrollados.

Stern.- Set low, well feathered, and carried about level with the back.

Feet and Legs.- Feet large and round, well covered with hair; legs short, thick and strong; hocks low.

Coat.- Long, abundant, soft and straight.

Colour.- Plain white, with lemon markings; orange permissible but not desirable; slight head markings, with white body preferred.

General Appearance.- Should be that of long, low, heavy, very massive dog, with a thoughtful expression.

Cola.- inserción baja, con mucho pelo, y llevada a nivel con la espalda.

Pies y Patas.- Pies grandes y redondos, bien cubiertos de pelo; patas cortas, gruesas y fuertes; corvejones bajos.

Manto.- Largo, abundante, suave y liso.

Color.- Blanco, con manchas limón; el naranja es aceptable pero no deseable; cabeza moderadamente manchada, con el cuerpo preferiblemente sin manchas.

Apariencia general.- Debería ser la de un perro largo, bajo, pesado, muy sólido, con expresión pensativa.

Bibliografía

Manuscritos de la Biblioteca Nacional de España

1. Libro de la Caza. Infante Juan Manuel. 1327.
2. Libro de la Caza de las Aves. Canciller Pero López de Ayala. Siglo XIV.
3. Libro de Cetrería. Gimeno López. 1446.
4. Libro de Cetrería. Evangelista. Siglo XV.
5. Tratado de Montería y Cetrería. Mossen Juan Valles. 1556.
6. Tratado de la Cetrería y de las Medicinas del Azor o Halcón. Anónimo. Siglo XVI.
7. Pesca y Caza. Carlos V. Siglo XVI.
8. Libro de Cetrería. Luis Zapata. Siglo XVI.
9. Arte de Cazar de Diego Fernández Herrera. Juan Bautista de Morales. 1625.
10. Tratado de los Perros. Francisco Carcano. Siglo XVII.
11. Libro de Montería. Pedro de Pedraza Gaitán. Siglo XVII.
12. Libro de Halcones y Otras Aves. Anónimo.

Manuscritos de la Real Biblioteca del Monasterio de El Escorial

13. Libro de Cetrería. Cetrería o Caza de Aves, y sus Propiedades, Enfermedades y Remedios. Anónimo. Siglo XIV.

Manuscritos de la Biblioteca de la Real Academia de la Historia

14. Libro de Caza de Halcones. Alonso Velázquez de Tovar. Siglo XV.
15. Diálogos de la Montería. Luis Barahona de Soto. Siglo XVI. Edición de la Sociedad de Bibliófilos Españoles. 1890.

Manuscritos de la Biblioteca del Palacio Real

16. Diálogos de la Montería. Anónimo. Siglo XVI. Edición del Duque de Almazán. 1935.

Manuscritos del Museo Británico

17. Tratado de Montería. Anónimo. Siglo XV. Edición del Duque de Almazán. 1936.

Libros Españoles

18. Paramientos de la Caza. Sancho VI El Sabio, Rey de Navarra (1150-1194). Edición de José Manuel Fradejas Rueda. 1990.
19. Discurso sobre el libro de la Montería del Rey D. Alfonso XI (1311-1350). Gonçalo Argote de Molina. 1582.
20. Aviso de Caçadores y de Caça. Pero Nuñez de Avendaño. 1543.
21. Del Can y del Caballo y de sus Cualidades. Pérez Luis. 1568. Edición de Gutié rrez de la Vega. 1888.
22. Origen y Dignidad de la Caça. Juan Mateos. 1634.
23. Exercicios de la Gineta. Gregorio de Tapia y Salzedo. 1643.
24. Arte de Ballestería y Montería. Alonso Martínez de Espinar. 1644.
25. Tratado de la Caza al Vuelo. F. Tamariz de la Escalera. 1654. Edición de Gutié rrez de la Vega. 1889.
26. Gobierno General Moral y Político Hallado en las Aves más Generosas y Nobles. Andrés Ferrer de Valdecebro. 1658.
27. Tratado de Cetrería. Mercader Matías. 1689.
28. De las propiedades del Perro Perdiguero. Anónimo. Siglo XVII. Colección de los Duques de Osuna. Edición de Gutiérrez de la Vega. 1889.
29. Arte de Cazar. Juan Manuel de Arelanno. 1745.
30. Venatoria. Agustín Calvo Pinto y Velarde. 1754.
31. La Diana o Arte de Cazar. Nicolás Fernández de Moratín. 1765.
32. Historia Natural General y Particular del Conde de Bufón. 1749-1767. Clavijo y Fajardo. 1785-1789
33. El Cazador Gallego con Escopeta y Perro. Froylan Troche y Zuñiga. 1837.
34. Manual de Caza y Pesca. José María Tenorio. 1843.
35. Tesoro de los Perros de Caza. Anónimo. 1858.
36. Bibliografía Venatoria Española. Gutiérrez de la Vega. 1877.
37. Los Perros de Caza Españoles. Gutiérrez de la Vega. 1890.
38. Historia de la Montería. Duque de Almazán. 1929.
39. Perros de Caza. Esteban Lipúzcoa Arrivillaga. Diputación Foral de Navarra. 1973.
40. El perdiguero: Su recuperación, estándar, cría, reglamentos. Manuel Álvarez Arreche. 1975.
41. Biblioteca Cinegética Hispánica: Bibliografía Crítica de los Libros de Cetrería y Montería Hispano-Portugueses anteriores a 1797. José Manuel Fradejas Rueda. 1991.

Libros Ingleses

42. The Master of Game. Edward, Second Duke of York. 1413. W.M. A. and F. Baillie-Grohman. 1909.
43. Of English Dogs. Dr. Johannes Caius. 1576. Beech Publishing House. 1993.
44. The Gentleman's Recreation. Nicholas Cox. 1674. The Cresset Press Limited. 1928.
45. The History of the Dog: Its Origin, Physical and Moral Characteristics, and Its Principal Varieties. W.C.L. Martin. London, 1845.
46. The Dogs of the British Islands. Stonehenge. Horace Cox. 1867.
47. The Setter. Edward Laverack. Longmans, Green, and Co. London, 1872.
48. The Dog in Health and Disease. Stonehenge. Longmans, Green, and Co. London, 1879.
49. The Illustrated Book of the Dog. Vero Shaw. 1879. Bonanza Books. 1984.
50. British Dogs. Hugh Dalziel, "Corsincon." Alfred Bradley. 1879.
51. Modern Dogs (Sporting). Rawdon B. Lee. Horace Cox. 1893.
52. The Pointer and His Predecessors. William Arkwright. 1906. Derry G. Argue. 1989.
53. The Sporting Spaniel. Philips and Cane. Our Dogs. 1906.
54. The Clumber Spaniel. James Farrow. 1912. Dogs in Print. 1991.
55. The Natural History of Dogs. Richard and Alice Fiennes. Weidenfeld and Nicolson. London, 1968.
56. The British Dog. Its History from Earliest Times. Carson I. A. Ritchie. Robert Hale. London, 1981.
57. The Clumbers of Clumber Park. Margaret Aldred. Castle Cary Press Limited. 1982.
58. Heritage of the dog. Colonel David Hancock. Nimrod Press. 1990.
59. The Clumber Spaniel. Peggy Grayson & Rae Furness. The Boydell Press. 1991.
60. The White Spaniel. The Evolution and History of the Clumber Spaniel. Jan E. Irving. Erinrac Enterprises. 2000.

Libros Italianos

61. De Quadrup. Digit. Vivip. Ulissis Aldrovandi. 1605.

Índice de Ilustraciones

I
Perro de España.
De Quadrup. Digit. Vivip. 1605.

II
Antiguo Blenheim de Trabajo.
The Clumber Spaniel. 1912.

III
The Return From Shooting. Francis Wheatley. 1788

IV
Blue Firs. John Fernerly. 1835

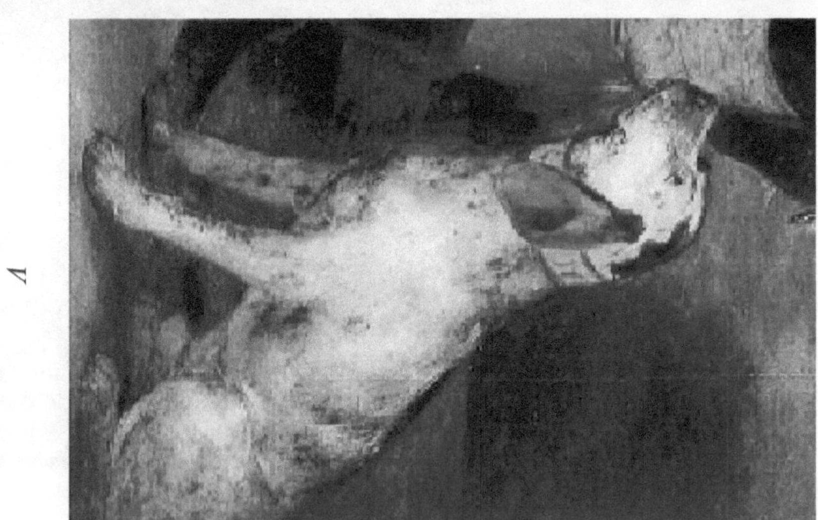

V

Carlos IV Vestido de Cazador. Goya. 1799.

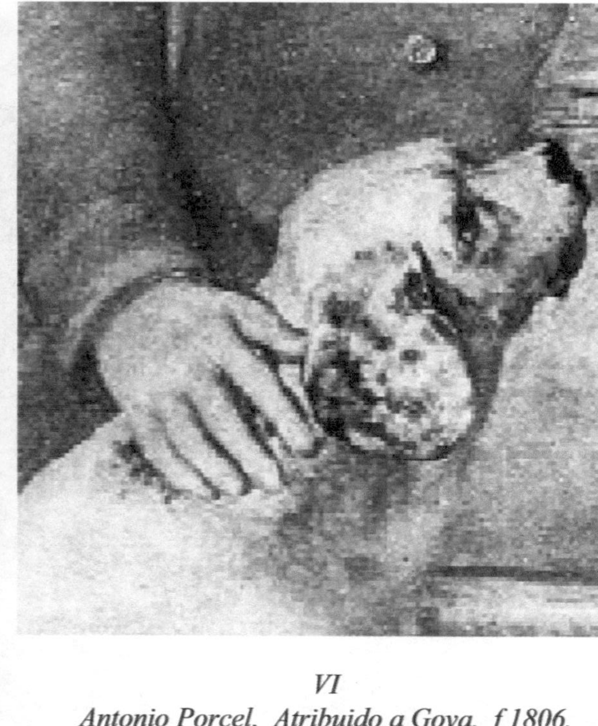

VI

Antonio Porcel. Atribuido a Goya. f 1806.

VII

Perdiguero de Burgos.

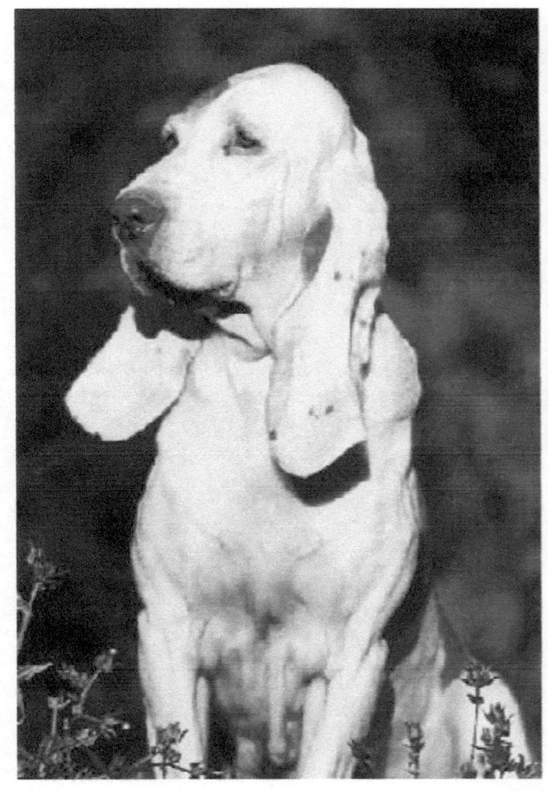

VIII
Sabueso Español.

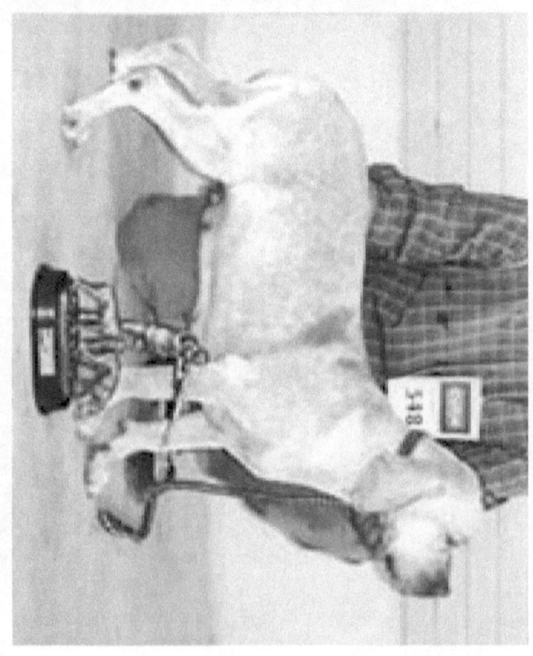

IX
Pachón Navarro de pelo corto.

X
Pachón Navarro de pelo largo o sedeño.

XI
Clumber Spaniel.
The Dogs of the British Islands. 1867.

XII
Clumber Spaniel.
British Dogs. 1879.

XIII
Clumber Spaniel.
Modern Dogs (Sporting). 1893.

Pachón Navarro.

Clumber Spaniel.

XIV
Ejemplares de nariz partida.